AF229321

COMITÉ ÉLECTORAL CONSERVATEUR

DE

L'ARRONDISSEMENT DE NANTUA

RÉUNION

DU

9 OCTOBRE 1886

BOURG

IMPRIMERIE J.-M. VILLEFRANCHE

1, place d'Armes, 1

1886

COMITÉ ÉLECTORAL CONSERVATEUR

DE

L'ARRONDISSEMENT DE NANTUA

RÉUNION

DU

9 OCTOBRE 1886

BOURG

IMPRIMERIE J.-M. VILLEFRANCHE

1, place d'Armes, 1

1886

BUREAU DU COMITÉ

L. CABANET, *Président.*

Edouard MERCIER, *Secrétaire.*

César CAIRE, *Secrétaire-adjoint.*

RÉUNION

DU 9 OCTOBRE 1886

Le Comité conservateur de Nantua réunissait (le 9 octobre 1886) dans un banquet, sous la présidence de M. L. Cabanet, les représentants de l'union conservatrice dans l'arrondissement. Cinquante-huit délégués de presque toutes les communes du Haut-Bugey ou de la Michaille étaient venus et ont été heureux de se trouver coude à coude pour parler des luttes soutenues ensemble, des résultats obtenus, de nos espérances pour l'avenir. La réunion, organisée par les soins dévoués et intelligents de MM. Ed. Mercier et César Caire, a été cordiale et pleine d'entrain.

M. Ed. Mercier a pris le premier la

parole ; il a remercié nos amis du concours actif et dévoué qu'ils nous ont prêté aux élections du 4 octobre dernier :

MESSIEURS,

Vous avez répondu à notre appel, et nous vous remercions d'être venus si nombreux à ce banquet. Beaucoup de ceux dont le cœur et la pensée sont avec nous ont dû, à cause des travaux des semailles, s'abstenir de se joindre à nous, mais ils nous ont envoyé, par lettres, leurs excuses et leur adhésion. Nous regrettons vivement leur absence, tout en la comprenant, et nous leur exprimons, comme à vous, notre sincère gratitude pour le concours actif et dévoué que vous nous avez tous prêté aux élections du 4 octobre dernier.

Aujourd'hui, Messieurs, nous venons vous demander davantage encore, car votre tâche comme la nôtre, notre commune tâche n'est point finie ; elle commence. S'il est doux et agréable pour le laboureur de contempler les épis mûrs dorés par le soleil de juillet, il lui a fallu, pour cela, confier à la terre, au temps de l'automne, le grain qui germera et remplira plus tard ses greniers. Il convient donc de semer, Messieurs, pour pouvoir récolter, vous le savez mieux que personne. Mais, vous le savez aussi, ce n'est point à la Saint-Jean, à la veille de la moisson que vous jetez la semence au sillon, car elle n'aurait pas le temps de fructifier. Or, Messieurs, en politique comme en agriculture, il faut préparer, de longue main, les résultats que l'on souhaite et que l'on ambitionne. En nous constituant définitivement aujourd'hui en Comité électoral permanent, nous n'entreprenons donc pas une œuvre vaine, une œuvre de luxe et de superflu. Nous ne faisons qu'obéir à une nécessité élémentaire, à l'instinct de la conservation personnelle et collective.

La lutte, Messieurs, la lutte pacifique et légale, la lutte par le bulletin de vote constitue, de nos jours, un devoir des plus rigoureux. Ce devoir est la conséquence, le corollaire obligé du droit de suffrage. A quoi bon, je vous le demande, le suffrage universel, si vous vous en servez mal ou si vous ne voulez pas vous en servir ?

Je connais d'excellentes personnes, de bons pères, de bons époux à qui on donnerait le bon Dieu sans confession, mais que cela ennuie, fatigue, horripile de s'occuper ou de voir le voisin s'occuper d'élections. C'est bien plus simple et plus commode, en vérité, d'attendre au coin de son feu le miracle qui ramènera le gouvernement de vos rêves. Ce miracle, Messieurs, n'y comptez pas ! ne l'attendez pas d'autres que de vous, ne l'attendez que de vous-mêmes.

Aide-toi, le Ciel t'aidera !

Ni le blé, ni les choux, ni les pommes de terre ne poussent tout seuls et par l'opération du Saint-Esprit. Et bien ! les idées sont encore plus réfractaires à la génération spontanée.

Nos adversaires politiques, d'ailleurs, je ne dirai pas nos ennemis, comme l'a fait injustement, l'autre jour, dans le Midi, en parlant des conservateurs, M. le Président du Conseil, car je m'imagine qu'en France il n'y a que des Français — nos adversaires politiques, dis-je, nous donnent eux-mêmes, depuis longtemps, l'exemple à imiter et à suivre.

Je ne vous parle pas de l'appui gouvernemental,

de la toute-puissance officielle qui s'exercent en leur faveur depuis le ministre jusqu'au garde-champêtre. Non, en dehors de tout cela, outre cela, ils ont su établir entre eux une union, un lien, une solidarité, une discipline qui doivent nous faire envie et nous servir de stimulant.

.La seule chose que nous ne vous demanderons jamais, comme eux, Messieurs, c'est d'aliéner votre libre arbitre, c'est de nous faire des serments aveugles et de nous jurer fidélité au milieu de cérémonies et de simagrées plus stupides les unes que les autres. Il y a un mot, qui est inscrit au seuil de cette salle et en tête de notre drapeau, c'est le mot *Liberté !*

Nous dirons donc à ceux qui ont à cœur de rester eux-mêmes : venez à nous, joignez-vous aux 30,000 électeurs conservateurs, indépendants des sociétés secrètes, qui, aux dernières élections, ont marché avec tant d'ensemble et de vigueur au scrutin public. Nous étions 13.000, il y a quelques années ; nous voilà 30.000. Demain, si nous le voulons, nous serons la majorité ; il suffit d'aller tous délibérément aux urnes.

C'est pour cette raison que les républicains actuels ne veulent pas du vote obligatoire.

Concentrons-nous donc, Messieurs, organisons-nous, comptons-nous, serrons-nous les coudes, à l'arrondissement, au canton, à la commune, au hameau, partout et toujours ; forçons le gouvernement à nous respecter, à ne pas nous traiter en quantité négligeable. Depuis quelques années, Messieurs, les hommes qui dirigent la France, oublieux des leçons du passé, oublieux de la justice et de l'équité, nous chassent de partout, poursuivant nos croyances jusque dans l'âme de l'enfant et ne nous admettent qu'à vider nos poches dans la caisse de M. le Percepteur. Il faut en finir...

Messieurs, nous ne sommes point les souffre-dou-leurs de MM. les Députés, Sénateurs, Conseillers généraux, tyrans, petits ou grands. Tout autant que les autres nous représentons le peuple souverain, et nous voulons être traités sur le même pied et avec les mêmes égards que ceux dont la plupart n'ont passé une couche de rouge sur leurs opinions que pour émarger plus sûrement au budget. Défendons-nous donc, Messieurs. Dans le but de vous convaincre plus fortement de l'urgence de notre organisation, nous avons prié un de nos amis les plus chers et les plus dévoués à la cause conservatrice de venir faire entendre ici sa parole chaude, vibrante et émue. M. Huguet, Messieurs, que j'ai l'honneur de vous présenter, occupe une place distinguée au barreau et dans la grande presse de Lyon. Il appartient, d'ailleurs, par sa naissance et sa famille à notre arrondissement ; vous retrouverez chez lui le cœur, l'esprit et l'âme d'un Bugiste.

M. Huguet se lève alors et prononce le discours suivant :

MESSIEURS,

Je remercie, dès mes premières paroles, les organisateurs de cette réunion dont je suis l'ami et qui ont bien voulu, dans ces circonstances, se souvenir que j'étais leur compatriote; que, né dans cet arrondissement même de Nantua, je fais ainsi partie de ce vaillant département et par la naissance et par le cœur.

N'est-il pas vrai que, plus ou moins éloignés du sol natal par les obligations de la vie, nous gardons toujours aux lèvres l'air respiré au berceau, et que de près, de loin, nous restons toujours associés à la bonne et à la mauvaise fortune du pays qui recueillit notre premier souffle ?

Je me félicite, quant à moi, de l'occasion qui me permet de prouver que je ne suis pas étranger à ce pays, et qui me donne le droit de rappeler que je vous suis attaché non seulement par les liens de l'origine, mais encore par la grande cause conservatrice et libérale dont nous défendons, dans la mesure de notre force, de notre bonne volonté, de notre dévouement, les intérêts depuis si longtemps et si tristement compromis.

Chacun de nous, Messieurs, a livré le bon combat, comme on vous le disait tout à l'heure, sans haine pour les personnes, mais sans pitié pour les doctrines anti-sociales dont on étalait avec tant d'ostentation le programme, sur tous nos murs, sur ceux de la cité la plus importante, jusqu'à la plus petite de nos communes, jusqu'au moindre de nos hameaux.

Dans le Rhône, dans l'Ain, dans tous les départements, nous avons lutté les uns ou les autres, dégagés de tout esprit de parti, et vouant au triomphe de l'intérêt national seul, tout ce que nous avions de vigueur française et d'énergie patriotique.

Nous ne nous sommes laissés rebuter par rien ; ni par l'outrage, ni par la calomnie, ni par les attaques de la presse officieuse, ni par les démonstrations plus ou moins dissimulées de l'administration et du gouvernement.

Nous n'avions guère avec nous que le droit : c'était assez — et à tant faire que d'être vaincus, nous nous exposions du moins à l'être noblement, frappés par devant, le front haut, la conscience sereine.

Quand le pays fut appelé au 4 octobre à renouveler, de fond en comble, la représentation nationale, nous comprîmes bien que c'était là l'occasion attendue depuis longtemps ; que, quelque fût le mode électoral employé, pour recueillir l'expression de la volonté publique, — scrutin de liste ou scrutin d'arrondissement — l'heure était enfin venue de protester moins contre la République que contre les prétendus républicains qui, installés au pouvoir, bravaient avec audace, toutes les revendications que nous faisions entendre au nom de la conscience, au nom de la justice et de la liberté.

Que n'avions-nous pas contre nous ? Du haut en bas de l'échelle, les fonctionnaires salariés par le gouvernement étaient sommés en quelque sorte, sous peine de révocation, de creuser la défaite sous nos pas ; de nous compromettre d'avance aux yeux des populations ; de nous représenter — nous, amis de l'ordre avant tout — comme des révolutionnaires; de calomnier nos actes, nos paroles et jusqu'à nos intentions ; et par ces moyens, qui rappellent les plus tristes jours de la candidature officielle, de nous faire les parias du suffrage universel.

Il est bon de se rappeler dans quelles conditions la lutte a été engagée, poursuivie, gagnée, pour apprécier à sa valeur le verdict rendu par le suffrage universel dans cette grande journée, deux fois historique. — D'abord parce qu'il s'agissait d'un scrutin capital; puis parce que ce scrutin a — du premier jour — avant le ballottage — à la majorité absolue — envoyé deux cents membres conservateurs à la Chambre des Députés.

Après la chute de M. Ferry, dont la duplicité

ministérielle avait fini par scandaliser l'opinion, le
ministère provisoire de M. Brisson, appelé à
présider aux élections, eut l'honnêteté relative de
ne pas chercher à intimider tout d'abord l'opinion,
par le déploiement ouvert de toutes les forces gouvernementales. On croyait, dans les hautes régions
du pouvoir, que l'effondrement brutal de M. Ferry
était une expiation suffisante de toutes les fautes
commises, et qu'apaisé par ce semblant de réparation, le peuple rendrait facilement, sur le reste, un
bill d'indemnité.

Le parti qui succombait tout d'un coup, et qui
avait peine à contenir le ressentiment de tant
d'espérances avortées, de tant d'ambitions inassouvies; ce parti qui s'était taillé des fiefs en pleine
France et que M. Ferry, en homme qui connaît sa
majorité, disciplinait par une corruption savante, ce
parti comprit tout de suite que, si la France rendue
à elle-même était à peu près libre de prononcer un
jugement indépendant sur la politique suivie jusqu'à
ce jour, elle demanderait, sinon à la République, du
moins aux républicains, un compte rigoureux de
toutes les fautes commises par le pouvoir déchu.

Politique financière, politique religieuse, politique coloniale : dès longtemps, l'opinion publique
avait dénoncé ses griefs sur tous ces points. Le
parti opportuniste sentait bien que si le Gouvernement laissait les élections se faire librement, les
élections impartiales, loyales, sincères donneraient
gain de cause aux protestations et aux revendications du parti conservateur.

Je ne sais si M. Brisson, en s'en fiant ainsi au
suffrage universel, était plus roué. Mais je sais que
le parti opportuniste le considéra comme un naïf,
et la presse officieuse du parti — qui ne s'en souvient ? — tourna en ridicule la confiance du nou-

veau Cabinet ; elle osa le convier à prendre des mesures de rigueur pour dicter au suffrage universel son verdict.

Quoi ! la République qui se réclame du suffrage universel allait ainsi se laisser juger loyalement, sincèrement, librement ! quelle abomination ! Quoi on allait consulter le peuple, et ce peuple souverain, on aurait la simplicité de s'en rapporter à son bon sens ! Quoi, le Gouvernement abdiquait ainsi son devoir ! L'administration son influence ! Les ministres mêmes ne s'avisaient-ils pas de donner à leurs subordonnés des avertissements libéraux ! On faisait étalage d'indépendance ! Tout allait de mal en pis. C'était un incroyable concert de récriminations, et c'était chose vraiment curieuse de voir à quel point le parti opportuniste regrettait la chute de son chef... et ses candidatures en souffrance.

Le pouvoir n'avait point cependant abdiqué : on mit seulement un peu plus de discrétion aux recommandations officielles : et le mot d'ordre n'en fut pas moins jeté de toutes parts contre le parti conservateur.

C'est alors, Messieurs, que de toutes parts aussi, obéissant à ce sentiment de conservation qui indique aux nations comme aux individus, le péril qu'elles courent, et le remède nécessaire, c'est alors que sur tous les points de son territoire — instinctivement en quelque sorte — la France organisa partout une résistance pacifique, mais énergique, à cette politique démoralisatrice pour laquelle elle n'est pas faite, qu'elle a malheureusement subie trop souvent à différentes époques de son histoire, et dont, par un vigoureux effort, tantôt plus brusque, tantôt plus lent, elle s'est toujours débarrassée.

Un peu folle, un peu extravagante, amoureuse

d'aventures, cette France parfois légère, accepte des hommages suspects ; elle croit si facilement aux bonnes intentions de ceux qui la courtisent ! Mais foncièrement honnête, elle démasque les adorateurs mercenaires, un jour ou l'autre, et quand ils prétendent l'acheter au prix que vous savez, la fière nation ! elle a tôt fait de vous dire qu'elle n'est pas à vendre et qu'elle entend être respectée!

Partout nous nous sommes rencontrés nombreux, fidèles, dévoués autour d'elle : nous n'étions pas des adulateurs ; mais nous nous empressions à ses côtés, en fils respectueux, et puisqu'à la fin, on osait presque attenter à la mère-patrie, eh bien, nous nous sommes jetés dans la lutte pour la défendre !

Qu'on ne vienne donc pas nous parler de préjugés stupides : nous ne sommes ni des imbéciles, ni des attardés. Nous luttions, non contre la République, mais contre ces pseudo-républicains, usurpant un titre dont ils ne comprennent pas les austères devoirs; qui, au nom d'un principe auquel ils mentaient, la dépouillaient de sa fortune, de sa dignité morale, de sa liberté.

Expliquez donc autrement cette insurrection des consciences contre la politique opportuniste que nous venions de subir, contre la politique radicale dont on nous menaçait? Opportunistes et radicaux s'évertuent en effet à confondre eux-mêmes et la République.

Nous avons été plus justes qu'eux pour la République.. Combien parmi les Conservateurs — qui n'étaient pas monarchistes — dégageaient le principe républicain des hommes qui le déshonoraient, et par un scrupule délicat, le sauvaient d'une complicité pareille, d'une solidarité si compromettante ?

Combien, républicains sérieux, dégoûtés à fond

d'une république opportuniste ou radicale, garde-ront encore au cœur le rêve d'une République française tout simplement, c'est-à-dire tout simple-ment impartiale, tout simplement honnête, tout simplement libérale !

Nos adversaires ont voulu, dès ce moment, nous rendre suspects aux populations ; ils ont travesti nos programmes et se sont posés en victimes ou en dominateurs, essayant de solliciter par pitié ou de revendiquer par orgueil le pouvoir qui leur tombait des mains.

Hé bien ! en dépit de leur humiliation ou malgré leur arrogance, la France a voulu condamner une politique coupable et par moments criminelle : et elle l'a fait. Si vous voulez connaître tous les griefs contre elle, il n'est pas besoin d'en chercher la preuve dans les accusations conservatrices ; ce sont les radicaux eux-mêmes qui se sont chargés de prononcer, contre la politique opportuniste, les réquisitoires les plus véhéments, les anathèmes les plus solennels ; ils se connaissent entre eux.

A-t'on oublié la campagne de M. Clémenceau contre M. Ferry ? C'est en vain que les radicaux, tenus aujourd'hui en échec par les conservateurs, voudraient s'en défendre. Il est trop tard pour eux de désavouer aujourd'hui ce qui est de l'histoire. Ils ont vainement essayé de se coaliser contre le triomphe des conservateurs ; ils ont vainement consenti à accoupler sur une même liste leurs noms, ceux des Basly et des Camélinat aux anciens ministres de M. Ferry. Cette promiscuité tardive ne changea rien aux condamnations, et l'on peut dire hardiment que les élections du 4 octobre ont été une manifestation solennelle, définitive du pays contre cette politique d'oppression qui, systématiquement, a attaqué la famille, la religion, la propriété, gaspillé la fortune de la France et le sang de ses enfants, en sacrifiant celle-ci en bloc, ceux-là en détail ; mentant effrontément au pays ; n'osant pas lui avouer les fautes accomplies, et pour les dissimuler, compromettant la sécurité même de la conquête et exposant à des échecs, qui eussent pu être évités, non pas l'honneur mais la fierté du drapeau de la France.

Le dernier soupir de Courbet porté sur le flot des mers, ce faible souffle a suffi pour jeter bas ces hommes que le vaillant amiral indigné, flétrissait un jour, dans l'emportement de son mépris patriotique, de ce nom « polichinelles » !

Quand l'histoire à son tour rendra son jugement sur les hommes et sur l'œuvre de ces dernières années, elle rendra un jugement sévère qui sera la confirmation de la journée du 4 octobre. Ce n'est pas à un parti seul qu'elle attribuera les entreprises nationales qui ont pu aboutir : réorganisation militaire, réfection du matériel, travaux de défense, fortifications de frontières : tous les partis ont le droit de revendiquer leur part d'honneur dans ce travail.

Mais appréciant la politique opportuniste telle qu'elle a été pratiquée, elle datera de son avénement, la désastreuse politique financière, religieuse, coloniale dont ce pays supportera longtemps les redoutables conséquences ; elle datera de cet avénement la confiscation hypocrite des libertés les plus précieuses ; la division de la France en camps ennemis par l'oppression de la minorité conservatrice au profit d'une coterie ; l'envahissement de plus en plus complet du fonctionnarisme à outrance; multipliant les emplois pour multiplier les courtisans : l'organisation de l'espionnage politique le plus odieux; la délation devenue un système de gouvernement sacrifiant par de perpétuelles et ridicules épurations les droits acquis, l'expérience du fonctionnaire, et, par suite, la dignité même de notre administration.

Ce n'est donc pas assez pour défier le jugement de la postérité que de dire : j'ai creusé des canaux, ouvert des lignes de chemins de fer, construit des écoles ; vous pouviez plus économiquement faire ces travaux, édifier ces constructions ; vous ne deviez pas engager pour couvrir — non pas les dépenses légitimes, mais les gaspillages effrénés du présent — vous ne deviez pas engager les ressources de l'avenir et compromettre quelque jour e gage suprême de la défense nationale.

Couverts d'impôts, chargés d'emprunts et pour consolation, ayant le déficit en permanence ; de nouveaux impôts, de nouveaux emprunts en perspective, voilà la situation financière que vous nous avez donnée, alors que vous héritiez, de par l'Assemblée nationale, d'une fortune en pleine prospérité, d'un budget en équilibre et qui se soldait en excédants.

Pour la justice, on sait à l'aide de quels procédés, pour satisfaire quelles rancunes, pour contenter quelles ambitions, vous avez fait, à quelques voix de majorité, dont plusieurs suspectes, cette réforme judiciaire ouvrant à deux battants les portes du prétoire aux passions de la politique.

L'enseignement ? Vous avez fait l'école obligatoire, c'est bien ; gratuite, le riche pouvait payer et le contribuable sait à quel prix cette gratuité se paie. Vous l'avez voulu neutre, dites-vous, pour former une génération d'hommes, qui ne relèvent que de la morale indépendante, à genoux devant l'homme, comme a dit le poëte et debout devant Dieu, Dieu dont vous n'avez pas, même au frontispice de cette loi scolaire, voulu écrire le nom sacré à côté du nom auguste de la patrie ! Attentant à la conscience des enfants par cette indifférence qui n'est qu'une prime à l'athéisme ! Attentant à la liberté du pauvre, puisque les fonds de l'Etat ne subventionnent pas toutes les écoles et que le père de famille sans ressources n'a pas le choix du maître ni de l'enseignement.

Comme si, respectueux des droits de la famille, l'Etat qui prend dans la bourse de tous ne devait pas répartir proportionnellement ses subventions ! Voilà pour l'enseignement.

Le budget des cultes ? vexations de tous genres, suppression de traitements ; interprétation judaïque du Concordat ; dénonciations continuelles. Ailleurs, enlèvement des crucifix au mépris du sentiment général des populations ; laïcisation au mépris des besoins et des vœux des malades ; guerre ouverte à tout ce qui de près ou de loin touche aux cultes, aux personnes, aux institutions, aux usages.

Telle est votre politique dans la patrie de Jeanne d'Arc et de Vincent de Paul, dans ce pays qui compte plus de 30 millions de catholiques.

Aux travailleurs des champs ? des promesses répétées depuis dix ans qui n'ont jamais été tenues ; les trente-cinq millions de la conversion qui de vieille date leur étaient promis, absorbés sans retour ; ajournement de toutes les lois qui les intéressent : surtaxe des blés, crédit agricole, péréquation de l'impôt foncier, dégrèvements. Voilà pour la question agricole.

A l'industrie, au commerce, qui depuis de si longues années sont accablés par une crise universelle, remise encore des lois d'affaires sur les sociétés, les faillites, les réformes de la procédure civile, la diminution des frais; trouble général résultant d'une politique de vexations qui déconcerte le crédit et effraye la confiance : voilà pour la question commerciale et industrielle.

Aux ouvriers de toutes sortes : étude promise des réformes sociales urgentes; discussion qui dure huit jours; nomination d'une commission dite des 44, qui, jalouse des lauriers de l'Académie, pour résoudre la question sociale, rédige un dictionnaire économique en deux ou trois cents volumes; pour toute aubaine, une loi sur les syndicats professionnels; la liberté du travail mal assurée; l'ouvrier honnête abandonné à la merci des meneurs révolutionnaires; l'égoïsme en haut, la haine en bas : voilà pour la question sociale.

Et cependant, Messieurs, quand on parle de la France, il faut bien se garder de pessimisme ; car à côté des ruines accumulées, nous devons songer avec orgueil aux ressources puissantes que lui donnent son tempérament, son ardeur au travail, son goût pour l'épargne, l'initiative de ses commerçants, l'audace de ses industriels, l'énergie de ses agriculteurs et toutes les admirables qualités d'entrain, de patience, de belle humeur qui constituent son génie particulier.

C'est à elles que nous devons ce magnifique mouvement de résistance contre les fautes de la politique opportuniste ; c'est à elles que nous devons sa révolte contre les menaces de plus en plus redoutables des théories intransigeantes.

Quand les politiciens, de quelque parti qu'ils soient, ont abusé trop longtemps de sa patience, de sa bonne foi, alors cette France réagit, le mot n'est pas pour vous déplaire, elle est réactionnaire contre ceux qui l'exploitent, la corrompent, la perdent.

Les élections du 4 octobre ont répondu à ces provocations qui avaient fini par lasser la patience du pays. Quel enthousiasme ! quel élan ! Si dans le Rhône, si dans l'Ain, nous n'avons pas obtenu le triomphe définitif, nous pouvons du moins prétendre que les vainqueurs ont reculé de plus d'une semelle ; ils n'ont remporté qu'une victoire à la Pyrrhus, presque aussi désastreuse qu'une défaite.

Elle a permis de compter les forces respectives des partis.

En comparant les situations, à l'intervalle de quelques années seulement, qui donc a grandi dans l'estime de l'opinion, qui donc a diminué ? Vaincus, nous avons gagné des milliers de suffrages ; vainqueurs, ils les ont perdus.

Et c'est grâce à l'appoint des voix de tous ceux qui jadis ont cru en eux, mais n'y croient plus aujourd'hui ; c'est grâce à leurs anciens amis désabusés, et venus à nous, que le parti conservateur par la seule force de ses principes, ce parti honni, — combattu par tous les moyens les plus inavouables, par tous les procédés, jusqu'aux pires — a obtenu la consécration de 3.500.000 voix sur huit millions d'électeurs.

Aussi, quelle stupéfaction profonde parmi nos adversaires, alors que de tous les points de la France, les dépêches apportaient la nouvelle de notre victoire du 4 octobre dont la journée du 18 octobre n'a pas changé la signification !

Alors, en effet, que les conservateurs enlevaient 200 sièges à la majorité absolue, nos adversaires ne pouvaient prendre leur revanche qu'à des scrutins de ballottage — à la majorité relative — sous la coalition scandaleuse des opportunistes et des radicaux, réconciliés par l'intérêt, n'espérant plus le succès que dans cette promiscuité de personnes et de programmes, et demandant à l'administration et au gouvernement de venir, à la rescousse, les soutenir !

Il ne s'agissait plus pour eux de respecter le suffrage universel ; il s'agissait de vaincre à n'importe quel prix, et déjà dans la terreur d'une défaite plus générale encore, plusieurs de leurs journaux et de leurs candidats prenaient leurs précautions contre cette condamnation suprême et prétendaient qu'ils ne seraient pas tenus de respecter un tel arrêt du suffrage universel !

Et voilà des hommes qui n'ont cessé de proclamer le peuple souverain et, quand ce peuple souverain leur donne congé, qui discutent son verdict et contestent la souveraineté nationale !

Hé bien, Messieurs, le gouvernement tient-il compte des sentiments si énergiquement manifestés par l'opinion ? les partis qui ont reçu cette leçon ont-ils plus de respect des revendications de la cause conservatrice et libérale ! A-t-on compris l'avertissement solennel que venaient de donner près de 4 millions d'électeurs ?

Il ne semble pas, et c'est pourquoi vous qui vous êtes fait les collaborateurs de la cause que nous défendons, vous devez vous tenir à votre poste, rester sur la brèche, améliorer, compléter votre organisation électorale du chef-lieu de département au chef lieu d'arrondissement, de l'arrondissement au canton, pour réunir dans un effort commun, sans dispersion de forces, vos cantons, vos communes, vos villages, vos hameaux ; combattre les préjugés qu'on cherche à entretenir contre vous, réfuter les calomnies dont on cherche à vous accabler ; démontrer que vous êtes les champions, les apôtres, les soldats de la démocratie libérale qui ne sépare pas la cause du peuple de celle de

la liberté ; la cause qui défend les aspirations, les
intérêts, les droits du plus grand nombre, et forte
des grands principes dont elle se prévaut, ose revendiquer ce titre glorieux de « cause nationale. »

Vos adversaires continueront en effet à vous
représenter comme des hommes arriérés qui ne
veulent voir dans l'avenir que le retour au passé.
Ils oublient que le peuple est majeur et ne fait plus
guère cas de ces sottes calomnies. Quant à nous,
nous avons la prétention de comprendre avec autant
d'intelligence qu'eux, avec plus de sincère dévouement aux intérêts populaires, les lois c'est-à-
dire les droits mais aussi les devoirs d'une société
démocratique qui veut réaliser le progrès avec mé-
thode et mesure; et faire large, solide, abritée
contre la tempête, la route qui mène un peuple à
l'avenir !

On sait donc ce que vaut la prétention de nos
adversaires de vouloir faire de nous un parti qui
du passé, ne regrette que les abus. Allons donc !
Oui, nous rendons hommages aux œuvres glorieu-
ses de nos ancêtres. Si nous n'abdiquons rien des
grandes et nobles choses accomplies par eux,
nous savons condamner aussi ce que l'histoire
condamne ; les principes proclamés en 1789 sont
les nôtres ; mais l'histoire de ce pays, les travaux
accomplis par lui, ses grands capitaines, ses grands
artistes, ses grands poëtes, ses grands philosophes,
tous ces grands hommes, toutes ces grandes choses appartiennent à la patrie française qui est une
et indivisible plus encore que la République, et
constituent un patrimoine moral dont nous sommes
les gardiens.

Mais nous savons aussi que les peuples ne res-
tent pas stationnaires ; que le progrès sous toutes
les formes, politique, économique, sociale, demande

à toutes les découvertes, à tous les besoins, à
tous les intérêts, des lois nouvelles. Ceux qui s'a-
bandonnent, immobiles à la contemplation exclu-
sive du chemin parcouru, — sans regarder jamais en
avant — ceux là abdiquent leur rôle ; renoncent à
l'influence que leur caractère, leur science, leur
vertu auraient pu leur donner sur les destinées de
la nation ; ceux-là, par leur attitude résignée et
coupable, finissent par être les complices incons-
cients des catastrophes prochaines auxquelles ils
ont voulu rester étrangers, dont ils ont été ou dont
ils ne seront pas moins les victimes.

Est-ce que les conservateurs ne sont pas partisans
résolus de toute une série de réformes qui ne peu-
vent être sûrement établies qn'autant qu'elles seront
réalisées progressivement et d'autant plus solides,
qu'elles auront été plus sagement et plus laborieu-
sement édifiées?

Est-ce qu'ils ne représentent pas mieux que personne l'opinion moyenne des masses, répugnant au
despotisme d'en haut, à l'anarchie d'en bas ; plus
amoureuses du fond des choses que de leur étiquette;
détestant les agitateurs de profession ou les
ambitieux intéressés, ceux qui ne se maintiennent
au pouvoir que par l'état-major puissant de leurs
fonctionnaires en opprimant les minorités et ceux
qui n'aspirent à y monter que pour faire triompher
les instincts de la démagogie la plus révolution-
naire ?

Est-ce que, prises en masses, les populations des
campagnes ; est-ce que, pris en bloc, les industriels,
les commerçants ; est-ce que, pris en détail, les
représentants les plus éminents de la pensée hu-
maine, sauf deux ou trois exceptions, n'appartiennent pas au grand parti conservateur et libéral ?
Est-ce que chaque jour ce parti auquel des factions

audacieuses ferment les avenues du pouvoir, ne recrutent pas toujours de nouveaux adhérents ?

Et puisque nous sommes ici dans le pays de Baudin, laissez-moi me souvenir d'une question adressée par Gambetta à l'Empire lors du procès auquel le dictateur dut sa retentissante renommée. Cette question nous la posons à notre tour à nos maîtres d'aujourd'hui et nous leurs demandons :

« Où donc sont vos grands hommes ? Cherchez « de quel côté se trouvent ceux que la nation est « habitué à compter à sa tête parce qu'ils se sont « illustrés par leurs talents et leurs vertus ? De quel « côté sont le génie, la morale, la vertu ? »

Et, à cette question terrible à laquelle l'Empire répondit en s'écroulant, j'ajoute celle-ci : Est-ce dans nos rangs que se trouvent ceux qui promènent à main armée leurs revendications meurtrières ? Et ne sommes-nous pas ceux qui ne demandent qu'à la raison le triomphe de leurs droits ?

Est-ce nous qui pactisons avec l'anarchie ? A-t'on vu quelqu'un des nôtres fomenter l'irritation ouvrière, encourager-les atteintes à la liberté du travail, subventionner les grèves, tolérer la spoliation ou l'assassinat !

N'est-ce pas à l'amour des concitoyens entre eux que nous faisons appel pour améliorer les souffrances sociales, et non à la haine qui aigrit les cœurs en armant les bras ?

Est-ce que parmi nous, nous ne nous réprimandons pas les uns les autres, pour combattre avec l'égoïsme d'autrui notre propre égoïsme, et ne cherchons-nous pas à nous améliorer nous-mêmes, à rompre avec nos défauts, nos vices, pour améliorer l'état social ?

Est-ce qu'on nous voit transformer en lois nos mauvais instincts, et défaillants parfois comme tous, demandons-nous au Code de consacrer, de légaliser nos mauvaises passions ?

Est-ce que, vivant dans une démocratie jeune, emportée par la satisfaction brutale et matérielle, nous ne rappelons pas à cette démocratie les conditions morales qu'elle doit respecter pour vivre, les principes élevés qui préservent les peuples des promptes décadences, les principes religieux qui, dans un acte mauvais où la loi n'a pas à intervenir, nous laissent quand même honteux et humiliés devant le remords de notre propre conscience ; le respect du mérite, de la vertu qui empêche l'égalité de n'être que le niveau des indignes, des ignorants ou des incapables ; le respect des minorités qui empêche les oppressions tyranniques ; le respect du soldat au chef qui engendre la discipline, du chef au soldat qui engendre la confiance ; le respect de l'enfant aux parents qui est la consécration même de la famille ; le respect de l'économie, de l'épargne honnête, de la fortune légitimement acquise, qui est le fondement même de la propriété ; le respect enfin de la patrie, sacrifié par un socialisme intéressé qui n'aime trop souvent l'humanité que pour se dégager de tout devoir envers le pays.

Hé bien ? Quand un parti relève de pareils principes ; quand il peut revendiquer un semblable programme, dites-moi, n'est-ce pas son devoir de chercher à se faire entendre, et n'est-ce pas son droit d'être entendu ?

Que voulons-nous ? Rien autre que l'honnêteté des gouvernés, la probité des gouvernants. Nous aimons ce pays, et nous sommes de notre temps.

Au point de vue financier, nous voulons la sincérité dans le budget ; nous ne voulons pas qu'il y ait un budget extraordinaire ou des caisses spéciales pour dissimuler des dépenses normales, c'est-à-dire ordinaires, c'est-à-dire permanentes; nous voulons qu'on nous dise exactement le bilan de la France, ses dépenses, ses recettes, ses déficits; nous voulons que cet inventaire une fois fait, on ait le courage de demander à cette nation les sacrifices d'argent nécessaires ; qu'on ne recoure plus à ces emprunts annuels ou à ces impôts dissimulés sous le nom de remaniements de taxe. Au régime des expédients, nous voulons voir succéder le régime de la franchise qui permettra à l'admirable crédit de ce pays de se développer en toute sécurité.

Au point de vue religieux, nous voulons qu'on respecte le Concordat ; qu'on l'interprète, en considérant ces questions comme des questions d'ordre public ; en s'inspirant des besoins moraux des populations ; surtout de ces populations des campagnes si profondément chrétiennes, et dont les convictions comme les espérances, tant que le législateur n'aura pas trouvé un contre-poids assez fort, aux découragements, aux larmes, aux désespoirs d'ici-bas, méritent d'être respectées.

Ce discours est accueilli par de chaleureux applaudissements. Les assistants se lèvent et vont féliciter l'orateur.

M. César Caire, avocat à la Cour d'appel de Paris, remercie en ces termes M. Huguet :

On m'a prié de remercier, au nom de tous, le très sympathique orateur qui a généreusement accepté l'invitation du Comité et dont nous venons

d'entendre la parole aussi chaude que brillante.
C'est avec le sentiment profond de l'honneur qui
m'échoit que je remplis ce devoir de douce gratitude.

Il ne m'appartient pas de faire l'éloge de
M. Huguet. Une voix amie, plus autorisée, s'en
est acquittée déjà avec un brio, un esprit et une
délicatesse que chacun a pu apprécier. Ma faible
voix d'ailleurs ne saurait rien ajouter au puissant
effet produit par l'orateur dont le talent est fait de
conviction forte et de patriotisme ému. Les applaudissements enthousiastes qui ont souligné sa loyale
déclaration de principes et son exposé lumineux et
précis de la situation politique du pays, disent assez
notre admiration pour l'un des champions les plus
dévoués, les plus énergiques et les plus aimés de
la cause conservatrice dans notre région lyonnaise.

M. Huguet est l'un de ces cœurs trempés pour
la lutte qui ont dans le feu de la parole ou de l'ac-
tion les éclairs d'acier des bonnes épées. C'est à
ces éclairs qu'apparaît la vérité et c'est à ces cœurs
que s'échauffent et s'animent nos ardeurs de soldats.

Qu'il me soit donc permis, plein de déférente
sympathie, de saluer en M. Huguet l'un de nos
plus vaillants soutiens et l'une des grandes espérances
du parti de la résurrection nationale ; et, de nou-
veau, le remerciant de plein cœur d'avoir bien
voulu venir nous charmer et nous encourager de
lui dire ce mot, doux comme l'espérance : au
revoir !

A tous les soldats de la cause conservatrice, à
nos afficheurs et distributeurs, à la presse conservatrice tout entière et tout particulièrement au
Journal de l'Ain et à l'*Express* de Lyon si bien
représentés aujourd'hui parmi nous, nos plus sincères et plus vifs remerciements.

— 26 —

Et maintenant, Messieurs, j'ai un autre devoir à remplir. Je dois rappeler les noms des communes de l'arrondissement qui, aux dernières élections ont donné la majorité à nos candidats.

Ces communes sont les suivantes :

Le Poizat, Hotonnes, Lalleyriat, Champfromier, Plagnes, Brion, Bolozon, La Balme, Veyziat, Belleydoux, Saint-Alban qui ont donné majorité à M. Girod de l'Ain.

Izernore, Volognat, Martignat, Groissiat, Giron, Montanges qui nous ont donné égalité ou presque égalité de voix.

Vous le savez, Messieurs, notre nombre a doublé dans l'arrondissement et dans le département depuis 1877. Au 4 octobre, nous avons été 30,000 autour du drapeau.

Les communes que j'ai citées et qui sont aujourd'hui à l'honneur verront s'accroître aussi leur nombre et j'espère et veux croire qu'au soir de la bataille prochaine, quand nous aurons fait notre devoir, tout notre devoir, on mettra à l'ordre du jour de ceux qui auront travaillé au relèvement de la Patrie, les conservateurs de l'arrondissement de Nantua.

Soyons courageusement unis, Messieurs, si nous voulons être forts, et l'on pourra dire de nous, un jour, quand la tourmente aura cessé : luttant toujours, en plein soleil, sans défaillance et sans peur, pour leurs convictions, pour leur foi, et, comme l'a si bien dit M. Huguet, pour la France une et indivisible, ils sont restés debout !

Nous en avons assez des insulteurs de crucifix, des détrousseurs de croix. « Le premier arbre de la liberté, disait Victor Hugo, aux acclamations du peuple, en 1848, a été planté il y a 1800 ans, par Dieu même sur le Golgotha. Le premier arbre de la liberté, c'est cette croix sur laquelle Jésus-Christ s'est offert en sacrifice, pour la liberté, l'égalité et la fraternité du genre humain. »

Au fait c'est peut-être parce que la croix rappelle ces souvenirs qu'ils la suppriment.

Nous voulons qu'on tienne compte du vœu des malades et nous protestons contre ces laïcisations brutales qui s'en prennent non seulement à l'âme des malades mais à leur santé et qui ont soulevé, même avant les scandales récents, les protestations du corps médical et jusqu'à l'indignation du *Cri du peuple*.

Nous ne voulons pas, comme on le dit, le règne des curés. — Non, nous voulons le respect du prêtre et de la religion. Nous ne rêvons pas une théocratie ; mais nous voulons le prêtre libre dans l'église, comme l'instituteur dans l'école, comme le maire dans la mairie. Chacun à son poste, et respecté comme il le mérite.

Pour l'enseignement, nous voulons que l'Etat tienne compte des vœux du père de famille ; que leur majorité décide dans les communes du choix de l'école, ou que les subventions du Trésor soient proportionnellement réparties entre les uns et les autres.

Nous voulons que la neutralité de l'école ne serve pas de refuge à l'athéisme et que l'enfant soit élevé dans le respect de Dieu, comme dans le respect de la famille et de la patrie ; la liberté par la proportionnalité des subventions ou tout autre moyen qui consacre le choix des parents.

Au point de vue judiciaire, nous ne voulons pas de cumul entre les fonctions du magistrat et les fonctions politiques, pour que l'indépendance du magistrat soit certaine, celle du justiciable assurée; nous voulons la réforme du code de procédure civile et du code de procédure criminelle. Au point de vue commercial, industriel, agricole, nous voulons des lois pratiques, sérieuses, réalisant les réformes dès longtemps signalées par l'opinion publique et toujours attendues.

Au point de vue social, nous voulons non seulement qu'il y ait des lois contre l'anarchie, nous voulons des lois de prévoyance contre la misère, qui tendent, par l'assistance bien entendue, par la coopération, l'association, la participation, l'hygiène publique, la salubrité des logements pauvres, à rendre la confiance à l'atelier, la sécurité au père de famille, la dignité à la femme, la morale et la santé à l'enfant.

Nous voulons la sincérité partout, pas de guerre engagée sans l'autorisation du Parlement, comme au Tonkin; pas d'envois dissimulés d'hommes ou d'argent, mais l'aveu franc à la tribune des besoins, des sacrifices indispensables en hommes et en argent, et la France saura comment pourvoir utilement et dignement à la défense de ses intérêts et de son honneur.

Voilà bien ce que nous sommes; voilà bien ce que nous voulons.

Y a-t-il là de quoi être suspect à son pays? Cette franchise ne nous rend-elle pas dignes de sa confiance, et ne nous donne-t-elle pas le droit de mépriser toutes les calomnies. Amis du peuple, pas ses flatteurs; durs pour nous-mêmes et bienveillants pour lui, sans égoïsme, sans recherche d'ambition ou d'intérêt personnel, en confessant nos propres fautes, en nous relevant aussi de nos défaillances, — en un mot en faisant notre devoir apprenons-lui à faire le sien.

L'*Abeille* de Nantua, du 17 octobre, ayant cru devoir publier un entrefilet sur la réunion dont on vient de lire le compte-rendu, M. Edouard Mercier, secrétaire général du Comité électoral conservateur de l'arrondissement, lui a adressé la lettre suivante :

Nantua, le 21 octobre 1886.

MONSIEUR LE RÉDACTEUR,

Vous avez bien voulu signaler à vos lecteurs, dans votre dernier numéro, le banquet conservateur privé donné, le 9 octobre, par le comité électoral de l'arrondissement de Nantua, aux électeurs qui n'ont pas craint de lui prêter leur concours, aux élections du 4 octobre 1885.

Permettez-moi de vous remercier de cette attention, et de vous donner quelques détails qui vous ont échappé. Cinquante-huit convives, chiffre réel, sans préjudice de ceux qui s'étaient fait excuser à cause des travaux des semailles, ont répondu à notre appel, et ont eu la bonne fortune d'entendre et d'applaudir l'éloquente conférence de notre excellent confrère et compatriote, Mᵉ Huguet, avocat à la Cour d'appel et rédacteur à l'*Express* de Lyon.

Contrairement à vos informations, M. le Rédacteur, il n'a été question, dans cette réunion, ni de République, ni de Royauté ! L'éminent orateur a eu assez de besogne à dresser le bilan de la politique opportuniste et à examiner l'œuvre législative de l'ancienne Chambre et du Parlement actuel.

A l'issue du banquet, quatre des personnes qui y avaient assisté sont parties effectivement pour Vevey, comme vous l'annoncez, mais à titre purement personnel et non pas en députation, ou manifestants, ainsi que vous le dites.

La police secrète, seule, a donc pu s'en apercevoir et s'en effaroucher, mais je dois dire qu'elle est bien mal renseignée si c'est elle qui vous a communiqué la liste nominative des voyageurs. Et Dieu sait si nous avons rencontré des mouchards, sur notre route, à Lausanne notamment ! Je puis en parler savamment, puisque je faisais partie du quatuor se rendant en Suisse.

Nous avons donc eu l'honneur d'être reçus, en audience particulière, le dimanche 10 courant, à 1 h. 1/2, au Grand Hôtel de Vevey, par M. le Comte de Paris, et nous avons constaté, une fois de plus, sa haute distinction, son exquise courtoisie et sa royale simplicité.

M. le Comte de Paris a daigné s'entretenir longuement avec nous de la situation électorale du département de l'Ain et surtout de l'arrondissement de Nantua.

Nous avons pu nous convaincre de sa vive intelligence, et de sa connaissance parfaite des hommes et des choses. Je ne commettrai pas une indiscrétion, M. le Rédacteur, en vous disant qu'il a été question, dans cette entrevue, de la presse régionale et de la presse locale, et que, par conséquent, le nom de *l'Abeille* a été prononcé ! Nous avons cru pouvoir dire à M. le Comte de Paris que notre population est sage, pondérée, gouvernementale avant tout, et que si le suffrage universel ramène, un jour, comme nous l'espérons, la monarchie *traditionnelle par son principe, et moderne par ses institutions*, cette expression de la volonté populaire ne rencontrera pas, au milieu de nous, une minorité factieuse, ni une presse systématiquement hostile.

Puis, comme vous l'écrivez en terminant, M. le Rédacteur, avec l'intuition de l'avenir, on s'est séparé « en se disant non pas adieu, mais au revoir. »

L'avenir qui n'est à personne, comme l'a dit le poète, nous apprendra si nous nous serons bercé d'illusions. Je fais appel à votre obligeante impartialité pour l'insertion de ces quelques lignes dans votre plus prochain numéro.

Agréez, etc.

EDOUARD MERCIER.

Bourg, imp. Villefranche. — 105-4-86.

VÉRITÉ
PROBITÉ
1626